10,95

1 mp
pag. 77 y 78 M. Oviol.

Pag. 77.
Bebida

pag. 90
94 X

117?

PARAMAHANSA YOGANANDA
(1893–1952)

LA PAZ INTERIOR

El arte de ser calmadamente activo
y activamente calmado

P A R A M A H A N S A

Y O G A N A N D A

Self-Realization Fellowship
FOUNDED 1920
Paramahansa Yogananda

Título de la obra original en inglés publicada por
Self-Realization Fellowship, Los Ángeles (California):
Inner Peace
ISBN 978-0-87612-010-1

Traducción al español: *Self-Realization Fellowship*
Copyright © 2003, 2011 *Self-Realization Fellowship*

Esta edición ha sido autorizada
por el Consejo de Publicaciones Internacionales
de *Self-Realization Fellowship*

Self-Realization Fellowship fue fundada en 1920 por Paramahansa Yogananda, como el órgano difusor de sus enseñanzas en el mundo entero. En todos los libros, grabaciones y demás publicaciones de SRF aparecen el nombre y el emblema de *Self-Realization Fellowship* (tal como se muestran en esta página), los cuales garantizan a las personas interesadas que una determinada obra procede de la sociedad establecida por Paramahansa Yogananda y refleja fielmente sus enseñanzas.

Primera edición en español de la editorial
Self-Realization Fellowship: 2003

Tercera impresión en rústica: 2011

ISBN-13: 978-0-87612-194-8
ISBN-10: 0-87612-194-6

Impreso en Estados Unidos de América
1637-J1677

ÍNDICE

Prefacio

Sri Daya Mata (1914-2010),
tercer presidente y líder espiritual
de Self-Realization Fellowship/Yogoda
Satsanga Society of India

La paz, la serenidad y el equilibrio interior no son más que palabras hasta el momento en que vemos la expresión de esas cualidades en alguna persona a la que conocemos, o cuando sentimos que se manifiestan en nosotros mismos. Durante los más de veinte años que permanecí junto a Paramahansa Yogananda, tuve la bendición de experimentar diariamente la indescriptible aura de paz que emanaba de él y que le facultaba con la notable habilidad de lograr que todos aquellos que se le acercaban pudieran percibir el profundo manantial de paz que brotaba en sus propias almas.

Los avances tecnológicos de nuestra era son asombrosos pero, con frecuencia, parecen mejorar sólo las condiciones externas e imponernos el alto costo de un mayor estrés y una vida personal más complicada. Conforme la búsqueda del equilibrio se convierte en una prioridad apremiante, personas de todo el mundo están tomando conciencia de que, tal vez, la más necesaria «nueva» ciencia sea una de las más antiguas: el Yoga, cuyos imperecederos métodos para armonizar el cuerpo, la mente y el alma ofrecen un sistema verdaderamente efectivo de lograr la paz interior[1].

En la inestimable fuente de sabiduría de Paramahansa Yogananda aprendemos que la más valiosa de las «posturas» del yoga es la que consiste en «permanecer imperturbable —tal como él solía decir— aun en medio del estrépito de mundos en colisión». Quedar firmemente anclados en la seguridad interior, en «la paz que sobrepasa todo entendimiento»: ésa es la promesa que la genuina espiritualidad puede cumplir y que constituye el tema dominante de la presente obra.

Paramahansa Yogananda enseñó que la serenidad y la calma interiores no exigen que nos retiremos tímidamente de la búsqueda activa y vigorosa

---

[1] Si bien muchas personas suponen que el yoga constituye, básicamente, un conjunto de posturas y ejercicios físicos *(hatha yoga)*, el término se refiere a un sistema completo de técnicas de meditación combinadas con una vida espiritual equilibrada, cuyo objetivo final es experimentar la unión del alma individual con el Espíritu infinito.

de nuestros objetivos. En efecto, los extraordinarios logros exteriores que él alcanzó al introducir con éxito en Occidente las enseñanzas de la India relativas a la meditación necesitaron de una personalidad sumamente dinámica y creativa. Él no llevó a cabo su obra en algún rincón oculto, sino en medio del ajetreo de urbes tales como Nueva York, Chicago y Los Ángeles... ¡los lugares más bulliciosos y agitados del planeta! Sin embargo, él siempre permanecía gozosamente centrado en la consustancial e imperturbable paz del alma.

Una de las anécdotas de la vida de Paramahansaji, que figura entre las favoritas de sus seguidores, rememora una demostración espontánea (y que, afortunadamente, jamás se repitió) del poder de esa paz. Sucedió en la ciudad de Nueva York; allí, tres ladrones armados le abordaron en la calle. Él simplemente los miró y les dijo: «¿Quieren dinero? Tómenlo». Y mientras lo decía, les ofreció su billetera. Inexplicablemente, los asaltantes no hicieron movimiento alguno. Ante la presencia del Maestro, quedaron completamente paralizados por las vibraciones espirituales que él irradiaba. Finalmente, uno de ellos balbuceó: «Discúlpenos. No podemos hacerlo». Giraron sobre sus talones y huyeron.

Cuando se encontraba en lugares públicos, los transeúntes se detenían y le miraban con atención, y nos preguntaban a quienes estábamos con él: «¿Quién es? ¿Quién es ese hombre?». Siempre le rodeaba una vibración silenciosa y tangible que atraía a la gente hacia él.

En la presente recopilación, hemos reunido —a partir de los libros y ensayos de Paramahansaji, así como de las conferencias y charlas que daba a sus estudiantes— una muestra de su sabiduría para que puedas aplicarla en tu vida diaria y experimentar así, como una realidad cotidiana, la tranquilidad y la seguridad de las cuales él habla. Este libro te introducirá en la amplia gama de principios y consejos prácticos que él impartió para lograr una dichosa armonía interior: el arte de llevar a cabo la actividad externa creativa sin perder la paz mental; métodos para eliminar el estrés y lograr la relajación; la identificación y superación de los estados emocionales perturbadores —la ira, el temor, la preocupación, la susceptibilidad—, que son enemigos de la serenidad interior; y, sobre todo, cómo comulgar con la fuente divina de la paz que se encuentra en las profundidades de tu propia alma, en el templo de Dios que se halla dentro de ti.

La paz del alma restaura la armonía dañada, tanto en el ámbito personal y familiar como en la maltrecha estructura social de nuestras comunidades. Si se la adopta como forma de vida, tiene el poder de aportar equilibrio y bienestar a tu existencia; además, tu vibración de paz llegará, a su vez, a todo aquel que se cruce en tu camino y contribuirá profundamente a la causa de la paz perdurable de nuestra familia mundial.

Los Ángeles (California)
Agosto de 1999

PAZ

Paramahansa Yogananda

La paz fluye en mi corazón y se desliza como un céfiro
a través de mí.

La paz satura mi ser, como una fragancia.

La paz me atraviesa cual rayos luminosos.

La paz aniquila toda preocupación y todo ruido.

La paz consume toda inquietud mía.

La paz, como una esfera incandescente, se expande
hasta colmar mi omnipresencia.

La paz, como una marea, avanza hasta inundar
el espacio entero.

La paz, cual roja sangre, vivifica las venas
de mis pensamientos.

La paz, cual aureola ilimitada, circunda mi cuerpo
con su infinitud.

Llamaradas de paz brotan de los poros de mi cuerpo
y del espacio entero.

El aroma de la paz flota sobre los jardines floridos.

El vino de la paz fluye constantemente en los lagares
de todos los corazones.

La paz es el aliento de las rocas, de las estrellas y de
los sabios.

La paz es el deleitable vino del Espíritu, que fluye
del ánfora del silencio, del cual bebo a través de las
incontables bocas de mis átomos.

I

«¿DÓNDE PUEDO ENCONTRAR LA PAZ?»

La paz emana del alma y constituye el sagrado ámbito interior en el cual se revela la verdadera felicidad.

———

Por medio de la meditación, podemos experimentar una silenciosa paz interior capaz de brindarnos un ambiente tranquilizador para todas las actividades —ya sean armoniosas o llenas de dificultades— que nos demande la vida. La felicidad imperecedera radica en mantener constantemente este ecuánime estado mental de paz.

———❖———

Debes realizar todas tus acciones de manera apacible, pues la paz es la mejor medicina para el cuerpo, la mente y el alma. Ésta es la forma más maravillosa de vivir.

Existe una cura para el estrés...

La calma es el estado ideal con el que deberíamos recibir todas las experiencias de la vida. El nerviosismo es lo opuesto a la calma y está tan extendido hoy en día que se ha convertido en un mal mundial casi generalizado.

———

El mejor remedio para el nerviosismo es cultivar la calma. Quien es calmado por naturaleza no pierde en ninguna circunstancia su capacidad de razonar ni su sentido de la justicia o del humor. [...]

La serenidad es una hermosa virtud. Debemos modelar nuestra vida de acuerdo con el diseño de un triángulo: la base es la felicidad, y los otros dos lados son la calma y la dulzura. [...] Ya sea que actuemos rápida o lentamente, en soledad o en medio del ajetreo humano, nuestro centro interior debe ser equilibrado y sereno. Cristo es un ejemplo de este ideal. Dondequiera que fue, siempre manifestó paz; y pasó por todas las pruebas imaginables sin perder su serenidad.

Vive en la divina conciencia de tu alma...

Somos almas —eternas, inmutables— hechas a imagen de la dicha inmortal de Dios. Nuestra vida debe reflejar continuamente ese siempre renovado gozo. Jamás permito que nadie me prive de mi felicidad interior, y tú también debes aprender el arte de vivir como un alma intrépida, capaz de sonreír ante cualquier problema.

———•———

El verdadero estado del Ser —o lo que es lo mismo, del alma— es la dicha, la sabiduría, el amor, la paz; consiste en ser tan feliz que disfrutes de cualquier cosa que hagas. ¿No es esto mucho mejor que deambular torpemente por el mundo como un inquieto demonio, incapaz de encontrar satisfacción en nada?

La calma es el aliento de la inmortalidad...

Quienes meditan profundamente sienten una maravillosa quietud interior.

———•◆•———

La calma es uno de los atributos de la inmortalidad que habita en tu interior. [...] Cuando estás preocupado, se produce estática en la radio de tu mente. El canto de Dios es el canto de la calma. El nerviosismo es la estática; la calma es la voz de Dios que te habla a través de la radio de tu alma.

El nerviosismo es un lacayo de la mutabilidad y de la muerte. Cuando te encuentras calmado, ni siquiera la muerte puede atemorizarte, pues sabes que eres un dios.

La calma es el aliento viviente de la inmortalidad de Dios que mora en ti.

———•◆•———

Cuanto mayor sea la paz que sientas en la meditación, más próximo estarás a Dios. Él se acerca a ti cada vez más a medida que profundizas en la meditación. La paz de la meditación constituye el lenguaje del Señor y su confortante abrazo.

———◆———

Aprende a vivir en esa paz y felicidad eterna que es la naturaleza misma de Dios.

Analiza tu vida con una mirada sincera...

Cuando observamos el vasto panorama de este mundo y las muchedumbres de seres humanos corriendo con celeridad vertiginosa durante toda su vida, no podemos dejar de preguntarnos qué sentido tiene todo eso. ¿Adónde vamos? ¿Qué es lo que nos mueve? ¿Cuál es el camino mejor y más seguro para llegar a nuestro destino?

La mayoría de nosotros corre precipitadamente, sin propósito ni plan alguno, como automóviles sin freno. Nos apresuramos descuidadamente por el camino de la vida, sin tener en cuenta el objetivo de nuestro viaje, advirtiendo apenas si vamos por senderos sinuosos y descarriados que no conducen a ninguna parte, o por vías rectas que nos llevan directamente a nuestro destino. ¿Cómo podríamos alcanzar nuestro objetivo si nunca pensamos en él?

———◆———

¿Has permitido que tu vida se desvíe debido al empuje de fuerzas aparentemente más poderosas que las tuyas? ¿Controlas tu vida? No te hundas en la rutina de la mediocridad. Elévate por encima de la multitud. Sal de la sofocante monotonía de la existencia ordinaria y encáuzate hacia una vida más hermosa y llena de colorido, una vida de éxito y de paz eternamente renovada.

———◆———

Pregúntate cuál es el propósito de tu vida. Has sido creado a imagen de Dios; ése es tu verdadero Ser. El éxito supremo consiste en percibir la imagen de Dios en tu interior: el gozo infinito, la satisfacción de todo deseo, la victoria sobre todas las dificultades del cuerpo y las agresiones del mundo.

Ganar la batalla de la vida cotidiana...

Así como un terrón de arena no puede resistir el efecto erosivo de las olas del mar, el individuo que carece de una paz interior imperturbable es incapaz de estar tranquilo durante los conflictos mentales. Sin embargo, al igual que un diamante permanece inalterable sin importar cuántas olas se arremolinen a su alrededor, el individuo que ha logrado cristalizar la paz en su interior se mantiene radiantemente sereno aun cuando las pruebas le acosen por todas partes. Rescatemos de las inconstantes aguas de la vida, por medio de la meditación, el diamante de la inmutable conciencia del alma, que brilla con el eterno gozo del Espíritu.

———

Así como se necesita un cierto entrenamiento para dedicarse al arte de la guerra, también se precisa una preparación para afrontar las batallas que nos plantean las actividades de la vida. Los guerreros que carecen de entrenamiento mueren muy pronto en el campo de batalla; de igual modo, las personas que no están entrenadas en el arte de preservar su paz interior son rápidamente abatidas por las balas de la preocupación y la inquietud de la vida activa.

———

Si eres capaz de conservar la paz interior, has logrado tu victoria suprema. Sea cual sea tu situación en la vida, jamás te sientas justificado para perder la paz. Cuando ésta te abandona y no puedes pensar con claridad, has perdido la batalla. Si nunca malogras tu paz, te darás cuenta de que la victoria te acompaña siempre, con independencia de cómo se resuelvan tus problemas. Ésa es la forma de conquistar la vida.

Haz de la vida una experiencia de gozo para el alma...

En todo momento, practica la calma imperturbable. Conviértete en el rey, en el monarca absoluto de tu propio reino mental de paz. [...] No permitas que nada perturbe ese apacible reino de calma. Noche y día, lleva contigo el gozo de «la paz de Dios, que sobrepasa todo entendimiento».

———————

Esta ecuanimidad mental —que se preserva gracias a la práctica regular de la meditación profunda— elimina el aburrimiento, la decepción y las aflicciones de la vida diaria, transformando ésta en una interesantísima y gozosa experiencia del alma.

Tu entorno interior y exterior...

Este mundo no supone lo mismo para todos los seres humanos. Cada cual vive en su propio y reducido dominio. [...] Puede que la paz y la armonía reinen en el mundo de una persona, mientras que las disputas y la guerra rigen en el de otra. Pero cualesquiera que sean las circunstancias de tu entorno, éste se compone de un mundo interior y de un mundo exterior: el mundo exterior es aquel en el cual tu vida se compromete en la acción y la interacción; el mundo que albergas en tu interior determina tu felicidad o infelicidad.

Vivir en este mundo sin paz mental significa habitar en una especie de infierno. Pero el ser humano dotado de percepción divina descubre que la tierra es una morada dichosa.

❦

Sólo aquellos que experimentan la armonía que mora en su alma conocen la armonía que satura la naturaleza. Quienes carecen de armonía en su interior también perciben esa carencia en el mundo. Una mente caótica halla el caos a su alrededor. […] Pero quien posee paz interior puede permanecer en ese estado aun en medio de los conflictos exteriores.

❦

Apacigua cualquier inquietud mental acerca del mundo exterior y enfoca la mente en tu interior. Armoniza tus pensamientos y deseos con las realidades que satisfacen todo anhelo y que ya posees en el alma. Entonces, serás testigo de la armonía que subyace en tu vida y en toda la naturaleza. Si armonizas tus esperanzas y expectativas con esa armonía intrínseca, flotarás por la vida sobre etéreas alas de paz. La belleza y profundidad del yoga reside en su capacidad de conferir esta tranquilidad imperturbable.

No esperes hasta mañana...

El mundo venera a los hombres poderosos, tales como Alejandro Magno y Napoleón, pero ¡piensa en cuál era el estado mental de tales personajes! Y considera luego la paz de la que disfrutaba Cristo: una paz que no le podía ser arrebatada por nada. Solemos pensar que buscaremos esa paz «mañana», pero quienes razonan de esta forma jamás la encontrarán; *búscala ahora mismo.*

La mayoría de las personas son como mariposas que revolotean sin propósito alguno. Nunca parecen llegar realmente a ningún sitio ni detenerse más de un instante antes de que una nueva distracción las atraiga. La abeja trabaja y se prepara para los tiempos difíciles; pero la mariposa vive únicamente al día. Cuando llega el invierno, la mariposa desaparece, mientras que la abeja ha almacenado alimento para vivir. Debemos aprender a recolectar y almacenar la miel de la paz y el poder de Dios.

Concentra la atención en tu interior. Sentirás un nuevo poder, una nueva fuerza y una nueva paz, en el cuerpo, la mente y el espíritu.

Tienes el privilegio y la oportunidad de construir tu propio cielo aquí mismo, y cuentas con todos los medios para hacerlo.

Por medio de la meditación científica del yoga, establece tu palacio de paz sobre el cimiento perenne de la indestructible paz interior de Dios.

———✦———

Encuentra en tu interior el reino celestial de la felicidad perpetua y, entonces, vivirás en el paraíso, ya sea que te halles en la región del silencio, o en medio del estruendo y la actividad de las ciudades, o en cualquier otro lugar.

———✦———

Cuando tengas paz en cada movimiento de tu cuerpo, en tus pensamientos, en tu fuerza de voluntad y en tu amor, y puedas sentir la paz y a Dios en tus ambiciones, recuerda que has conectado tu vida con Dios.

———✦———

II

MEDITACIÓN:
LA CIENCIA DE SER
«ACTIVAMENTE CALMADO»

*L*a paz no se puede comprar; debes aprender a cultivarla en tu interior, en la quietud de tus prácticas diarias de meditación.

———◆———

Todas las cosas del mundo fenoménico muestran actividad y cambio, pero la naturaleza de Dios es la serenidad. El ser humano, en tanto que alma, posee en su interior esa misma naturaleza sosegada. Cuando en su conciencia puede aquietar y neutralizar los tres estados mentales del agitado oleaje emocional —las

crestas del pesar y de la alegría, y las hondona-
das de la indiferencia que se encuentran entre
ambas —, percibe en su interior el plácido
océano de la calma espiritual inherente al alma,
que se expande en el ilimitado mar de la tranquilidad del Espíritu.

Meditar significa permanecer activamente calmado...

La meditación es un estado de «calma activa». La calma pasiva experimentada al dormir o durante los estados de ensueño es esencialmente distinta de la calma activa; esta última constituye un estado de paz positiva, producido por medio de la meditación científica.

———◆———

Cada noche, durante el sueño, tienes una vislumbre de la paz y del gozo. Mientras te encuentras profundamente dormido, Dios hace que mores en la tranquilidad de la supraconciencia, en la cual olvidas todos los temores y preocupaciones de la vida. Gracias a la meditación, podrás experimentar despierto ese sagrado estado mental y permanecer constantemente sumergido en una paz reparadora.

——◆——

Aunque seas capaz de realizar grandes hazañas en el mundo, jamás experimentarás con ellas un gozo comparable al que proviene de la meditación, cuando los pensamientos se sumen en el silencio y la mente se sintoniza con la paz de Dios. [...]

La meditación abre las puertas cerradas de tu cuerpo, de tu mente y de tu alma, para que puedas recibir la corriente oceánica del poder de Dios. Tu cuerpo y tu ser entero se transformarán si practicas la meditación frecuentemente, porque cuando estableces contacto con Dios, cuando te sumerges en su paz, la armonía interior llena tu vida. Pero has de practicar la meditación con intensidad, firmeza y constancia, a fin de adquirir plena conciencia de los gratificantes efectos de esa Fuerza Suprema.

⊷❈⊶

El hombre común está inquieto todo el tiempo. Al iniciar la práctica de la meditación, se encuentra calmado sólo de vez en cuando e inquieto la mayor parte del tiempo. Conforme medita más profundamente, permanece en calma la mitad del tiempo e inquieto la otra mitad. Con una práctica más prolongada y fiel, la mayor parte del tiempo predomina en él la calma y sólo de vez en cuando alberga inquietud. A medida que persevera, alcanza el estado en el que siempre está calmado y jamás inquieto. Cuando cesa el movimiento, comienza a revelarse la presencia de Dios[1].

---

[1] «Aquietaos y sabed que Yo soy Dios» (*Salmos* 46:11).

La psicología de la calma...

Si colocamos un recipiente con agua bajo los rayos de la luna y agitamos el agua, producimos una distorsión del reflejo lunar. Si posteriormente aquietamos las ondas, la imagen de la luna reflejada en el agua se torna nítida. Los momentos en que el agua del recipiente se encuentra quieta, y refleja con claridad la luna, pueden compararse con el estado de paz que se siente en la meditación y con el estado aún más profundo de calma interior. En la paz de la meditación, todas las olas de las sensaciones y pensamientos desaparecen de la mente; en la quietud que acompaña al estado todavía más profundo de calma, se llega a percibir el reflejo lunar de la presencia de Dios.

A medida que la paz de la meditación se va haciendo más profunda —transformándose en calma y en el estado positivo y final de bienaventuranza—, aquel que medita experimenta un gozo siempre renovado y una satisfacción plena.

———◆◆———

El verdadero gozo sin fin consiste en armonizar, mediante la meditación, la conciencia con su verdadera y siempre calmada naturaleza y, de esta forma, evitar que la mente se deje arrastrar por las crestas del pesar y la felicidad o se hunda en las profundidades de la indiferencia.

———◆◆———

Sumérgete, una y otra vez, en el silencio interior —mediante la práctica de los métodos de concentración y meditación que te he enseñado— y encontrarás paz y felicidad cada vez mayores.

———◆◆———

La primera manifestación de la presencia de Dios consiste en un sentimiento de paz inefable, que luego se transforma en un gozo humanamente inconcebible. Una vez que hayas establecido contacto con la Fuente de la verdad y de la vida, la naturaleza entera te obedecerá. Al encontrar a Dios en tu interior, le encontrarás también a tu alrededor, en todos los seres y en todas las circunstancias.

La meditación es la ciencia más práctica...

La meditación —aquella ciencia cuyo objetivo es la realización de Dios— es la más práctica de todas las ciencias del mundo[2]. La mayoría de las personas desearía meditar si comprendiera el valor de la meditación y experimentase sus beneficiosos resultados. El propósito esencial de la meditación es tomar plena conciencia de Dios y de la eterna identidad del alma con Él. ¿Existe acaso algún logro más significativo y provechoso que el de unir nuestras limitadas facultades humanas a la omnipresencia y omnipotencia del Creador? La realización divina confiere a quien medita

---

[2] En las páginas 33 s. se describe una variedad introductoria de meditación enseñada por Paramahansa Yogananda. La serie completa de estas técnicas —la ciencia yóguica de la concentración y la meditación explicada paso a paso— se detalla de forma impresa en sus *Lecciones de Self-Realization Fellowship.* (Véase la página 127).

múltiples bendiciones: la paz, el amor, el gozo, el poder y la sabiduría de Dios.

※

En la meditación se utiliza la concentración en su forma más elevada. La concentración consiste en liberar la atención de las distracciones, para enfocarla en cualquier pensamiento que se desee. La meditación, en cambio, es aquel tipo especial de concentración en la cual la atención se ha liberado del estado de inquietud y se enfoca solamente en Dios. La meditación, por lo tanto, es la concentración utilizada con el solo propósito de conocer a Dios.

Para comenzar a meditar...

Siéntate en una silla de respaldo recto o bien, con las piernas cruzadas, sobre una superficie firme. Mantén la columna vertebral erguida y el mentón paralelo al suelo.

───✦───

Si has adoptado la postura correcta, tu cuerpo se encontrará estable y, al mismo tiempo, relajado, de manera que podrá permanecer totalmente quieto, sin mover un solo músculo. Esa quietud, exenta de intranquilos movimientos y ajustes corporales, es esencial para lograr un profundo estado meditativo.

───✦───

Con los párpados semicerrados (o completamente cerrados, si es más cómodo), enfoca la mirada y la atención hacia arriba, como si mirases hacia fuera a través de un punto situado en el entrecejo. (La persona que se concentra con profundidad tiende a «fruncir» el entrecejo). No cruces ni fuerces los ojos en forma alguna; cuando alguien se relaja y se concentra con serenidad, su mirada se dirige naturalmente hacia arriba. Lo importante es fijar *toda la atención* en el entrecejo. Éste es el centro de la conciencia crística, el asiento del ojo único al cual se refirió Cristo: «El ojo es la lámpara del cuerpo. Si tu ojo es único, todo tu cuerpo estará iluminado» (*San Mateo* 6:22). Cuando se logra el propósito de la meditación, el devoto descubre que su mente se concentra automáticamente en el ojo espiritual, experimentando —de acuerdo con su capacidad espiritual interior— un estado de unión extática divina con el Espíritu.

Un ejercicio respiratorio previo para facilitar la meditación...

Una vez que hayas adoptado la postura de meditación ya descrita, el siguiente preparativo para la meditación consiste en liberar los pulmones del dióxido de carbono acumulado, que es causa de inquietud. Expulsa el aire por la boca en una doble exhalación: «hah, hahhh» (este sonido debe hacerse sólo con la exhalación, no con la voz). Luego, inhala profundamente a través de las fosas nasales y tensa todo el cuerpo, manteniéndolo así hasta la cuenta de seis. Expulsa el aire por la boca en una doble exhalación, «hah, hahhh», y relaja la tensión. Repite estos pasos tres veces.

Concéntrate en la paz y el gozo del alma...

Permanece calmado. [...] Di adiós al mundo de las sensaciones —vista, oído, olfato, gusto y tacto— y penetra en tu interior, donde el alma se expresa genuinamente. [...]

Desecha toda sensación corporal; desecha todo pensamiento de inquietud. Concéntrate en el pensamiento de paz y gozo.

Una meditación sobre la paz...

Llama mentalmente a Dios con todo el fervor y sinceridad de tu corazón. Invócale conscientemente en el templo del silencio y, cuando alcances mayor profundidad en tu meditación, encuéntrale en el templo del éxtasis y de la bienaventuranza. A través de tus pensamientos y sentimientos, envíale tu amor con todo tu corazón, mente, alma y fuerza. Mediante la intuición de tu alma, siente la manifestación de Dios que irrumpe entre las nubes de la inquietud en forma de gran paz y gozo. La paz y el gozo son las voces de Dios que han permanecido adormecidas durante mucho tiempo bajo el manto de tu ignorancia, desatendidas y olvidadas en medio del estrépito de las pasiones humanas.

El reino de Dios se encuentra justamente detrás de la oscuridad de los ojos cerrados, y la primera puerta que conduce hacia él es tu paz. Exhala y relájate, y siente cómo esta paz se extiende por todas partes, dentro y fuera de ti. Sumérgete en esa paz.

Inhala profundamente. Exhala. Ahora, olvida tu respiración. Repite después de mí:

«Padre, los sonidos del mundo y de los cielos han enmudecido.

»Me encuentro en el templo de la quietud.

»El eterno reino de tu paz se despliega en ondas sucesivas ante mi mirada. Pueda ese reino infinito, tanto tiempo velado por la oscuridad, manifestarse por siempre en mi interior.

»La paz llena mi cuerpo; la paz llena mi corazón y habita en mi amor; paz dentro y fuera, paz en todas partes.

»Dios es paz. Soy su hijo. Soy paz. Dios y yo somos uno.

»La paz infinita rodea mi vida e impregna todos los momentos de mi existencia. Paz para mí, paz para mi familia, paz para mi país, paz para mi mundo, paz para mi cosmos.

»Buena voluntad hacia todas las naciones, buena voluntad hacia todas las criaturas, porque todos somos hermanos y Dios es nuestro Padre. Vivamos en los Estados Unidos del Mundo, con Dios y la Verdad como nuestros guías.

»Padre celestial, que tu reino de paz se establezca en la tierra al igual que lo está en el cielo, para que todos seamos liberados de las desarmonías que nos dividen y nos convirtamos en perfectos ciudadanos —en cuerpo, mente y alma— de tu mundo».

Medita hasta que sientas la respuesta divina...

Ya sea que veas la luz del ojo espiritual o no, debes continuar concentrando tu atención en el centro de la conciencia crística, ubicado en el entrecejo, orando profundamente a Dios y a sus grandes santos. Invoca su presencia y sus bendiciones en el lenguaje de tu corazón. Una práctica recomendable consiste en elegir una afirmación o una plegaria [...] y espiritualizarla con tu propio anhelo y devoción. Canta y ora a Dios en silencio, manteniendo la atención en el entrecejo, hasta que percibas la respuesta divina en forma de calma, profunda paz y gozo interior.

III

EL ARTE ESPIRITUAL DE LA RELAJACIÓN: CÓMO ELIMINAR EL ESTRÉS DEL CUERPO Y DE LA MENTE

*T*odos los instructores de cultura física, los entusiastas de la salud y los educadores espirituales hablan sobre la relajación; sin embargo, hay pocas personas que comprendan en qué consiste realmente la perfecta relajación del cuerpo y de la mente, o cómo se puede lograr dicho estado.

Así como un automóvil detenido consume energía si su motor está en marcha, muchas personas se encuentran parcialmente tensas

—con una tensión baja, mediana o alta, según el grado de su nerviosidad mental—, aunque se hallen durmiendo, o estén sentadas o recostadas; de esa manera consumen energía incluso cuando sus cuerpos permanecen aparentemente en reposo.

❦

En alguna ocasión, cuando estés sentado o recostado y sientas una relajación total, exhala y lleva a cabo el siguiente experimento: deja que otra persona levante tus manos o tus pies hasta cierta altura y, luego, los suelte. Si tus extremidades caen pesadamente, sin que exista ni siquiera un esfuerzo involuntario de tu parte para bajarlas gradualmente, te encuentras relajado.

❦

Cuandoquiera que te sientas cansado o preocupado, tensa el cuerpo entero, relájalo luego, exhalando todo el aliento, y te sentirás calmado nuevamente. Si sólo ejerces una tensión baja o parcial, al relajarte no se eliminará la totalidad de la tensión. Pero si aplicas una tensión alta, de modo que el cuerpo vibre con energía, y después te relajas o «sueltas» la tensión rápidamente, obtendrás una relajación perfecta.

Elimina la tensión de los músculos…

[Técnica[1] para relajar el cuerpo:]

Tensa con voluntad: con una orden de la voluntad, dirige la energía vital (mediante el proceso de tensión) de modo que inunde tu cuerpo o alguna de sus partes. Siente que la energía vibra allí, vigorizante y revitalizadora. *Relaja y siente:* relaja la tensión y siente el sedante hormigueo que produce la renovada vitalidad en la parte recargada. *Siente* que no eres el cuerpo, sino la vida que sustenta el cuerpo. *Siente* la paz, la libertad y la creciente expansión de la conciencia que se derivan de

[1] Referencia sucinta a una técnica especial que Paramahansa Yogananda desarrolló en 1916, cuyo objeto es recargar el cuerpo de vitalidad y estimular una relajación perfecta, y que se enseña en las *Lecciones de Self-Realization Fellowship*. En años recientes, el principio general de tensión y relajación ha sido ampliamente preconizado y utilizado por la ciencia médica en el tratamiento de numerosos males, entre los cuales se cuentan la reducción del nerviosismo y de la hipertensión arterial.

la calma producida por la práctica de esta técnica.

———

a) Inspira y retén el aliento.
b) Contrae suavemente todos los músculos del cuerpo al mismo tiempo.
c) Mantén la contracción, mientras cuentas hasta 20, concentrándote profundamente en todo el cuerpo.
d) Espira y relaja la tensión.

Repite este ejercicio tres veces, cuando te sientas débil o nervioso.

Relajación y paz mental...

Un cuerpo que se encuentra relajado y en calma conduce a la paz mental.

Los estados psicológicos perturbadores pueden aliviarse de modo sustancial si eliminamos conscientemente sus manifestaciones psicológicas externas. A menudo, el miedo hace que aprietes los puños y que inclines en cierta medida la cabeza hacia delante, y provoca indefectiblemente palpitaciones en el corazón. Si estás atento a esas reacciones fisiológicas y relajas las manos, enderezas el cuerpo, inhalas lenta y profundamente y, luego, tras exhalar, permaneces sin respirar tanto tiempo como te sea cómodo, concentrándote en la calma interior del estado sin aliento, te sentirás aliviado del miedo.

Aprender el arte de la relajación mental...

Algunas personas saben cómo relajarse físicamente, pero no saben cómo relajar la mente.

———◆———

La relajación mental consiste en la capacidad de liberar a voluntad la atención de las persistentes preocupaciones referidas a dificultades pasadas y presentes, de la constante conciencia del deber, del miedo a los accidentes y de otros temores inquietantes, así como de la codicia, la pasión u otros pensamientos y apegos perturbadores o negativos. El dominio de la relajación mental proviene de una práctica constante, y se logra cuando se es capaz de liberar a voluntad la mente de todo pensamiento inquieto y de fijar la atención completamente en la paz y el contentamiento interiores.

———

Cuando estás luchando por mantenerte a flote en el agua, no eres tan consciente del agua como de tu lucha. Pero cuando te dejas ir y te relajas, flotas y sientes que el lago entero acuna dulcemente tu cuerpo. Así es Dios. Cuando estás calmado, sientes que todo el universo de la felicidad se mece suavemente bajo tu conciencia. Esa felicidad es Dios.

———

Cuando puedas permanecer calmado en todo momento, a pesar de las pruebas difíciles, y te encuentres libre de temores en tu imperecedera fe en Dios, estarás mentalmente relajado.

———

La relajación mental es tan sólo uno de los

primeros estados de la relajación metafísica o super-relajación, en la cual la conciencia y la energía se retiran de forma completa y a voluntad de la totalidad del cuerpo, y alcanzamos la perfecta absorción en nuestra verdadera identidad: el Espíritu. Liberar la conciencia de la ilusión de la dualidad conduce al tipo más elevado de relajación mental[2].

❖

Concentra la atención en tu interior —a nivel del entrecejo— en el ilimitado lago de la paz. Observa el círculo eterno de las ondas de paz que te rodean. Cuanto mayor sea la atención con que observes, más fácil te será sentir las pequeñas oleadas de paz que se expanden

---

[2] Este gozoso estado es el objetivo de la ciencia de la meditación que enseñó Paramahansa Yogananda —denominada *Kriya Yoga*— y cuya práctica posibilita el logro de dicho estado de conciencia. (Véase la página 127).

desde las cejas hacia la frente, desde la frente hasta el corazón y, luego, a todas las células del cuerpo. Las aguas de la paz empiezan ahora a desbordar las orillas de tu cuerpo y a inundar el vasto territorio de la mente. La paz inunda y sobrepasa los límites de tu mente, y continúa propagándose en infinitas direcciones.

IV

CÓMO SER «CALMADAMENTE ACTIVO» Y ESTAR CENTRADO EN LA PAZ, CON INDEPENDENCIA DE LO QUE HAGAS

Ser calmadamente activo y activamente calmado —un príncipe de la paz que dirige el reino de la actividad sentado en el trono del equilibrio— significa ser espiritualmente saludable. El exceso de actividad nos convierte en autómatas, y demasiada calma nos hace perezosos y poco prácticos. En la paz se encuentra el disfrute de la vida y, por otro lado, la actividad es la expresión de la vida. Es necesario que haya un equilibrio entre la actividad de Occidente y la calma de Oriente.

Conserva tu calma interior. La vida cotidiana es como un péndulo que oscila sin cesar.
La persona serena se mantiene en calma hasta
que llega el momento de acometer una tarea y,
entonces, se vuelca en la acción; sin embargo,
tan pronto como su ocupación ha concluido,
retorna al centro de la calma. Debes permanecer siempre calmado, como un péndulo que
está inmóvil, pero que se encuentra listo para
abordar serenamente la actividad cada vez que
sea necesario.

Equilibra tu vida espiritual y material...

Lo material y lo espiritual no son sino dos partes de un solo universo y una sola verdad. Al dar preponderancia a una parte, el ser humano no logra el equilibrio necesario para un desarrollo armonioso. [...] Practica el arte de vivir en este mundo sin perder tu paz de espíritu. Sigue el sendero del equilibrio para alcanzar el maravilloso jardín interior de la realización del Ser.

———◆———

Al igual que Dios es omnipresente en el cosmos pero permanece inalterable ante la variedad de éste, el hombre —cuya alma es Espíritu individualizado— ha de aprender a participar de este drama cósmico con una mente perfectamente serena y equilibrada.

El aspirante espiritual debe compensar su actividad material, que ocasiona inquietud, con la meditación espiritual, que produce calma.

———

Aprende a estar muy activo en este mundo, haciendo trabajos constructivos; pero cuando hayas concluido tus deberes, apaga tu motor nervioso. Retírate al centro de tu ser, que es la calma. Afirma mentalmente para ti: «Estoy calmado. No soy un mero mecanismo nervioso; soy Espíritu. Aunque vivo en este cuerpo, éste no puede perturbarme». Si tu sistema nervioso permanece en calma, lograrás el éxito en cualquier actividad que emprendas y, sobre todo, tendrás éxito con Dios.

Simplifica tu vida...

El hombre moderno basa su placer en obtener cada vez más posesiones, y lo que pueda ocurrirle a los demás no le importa. Pero ¿no sería mejor vivir con sencillez, es decir, sin mucho lujo y con menos preocupaciones? No existe placer en trabajar demasiado hasta el punto de que no puedas disfrutar de lo que tienes.

———⬧———

Mantener en buen estado excesivas posesiones requiere demasiado tiempo y energía. La verdad de esta cuestión es que cuantas más «necesidades» innecesarias albergues, menos paz tendrás, y cuanto menos atrapado estés por las posesiones, mayor será tu felicidad.

———⬧———

No te dejes atrapar por las complejidades

del mundo, pues es demasiado exigente. Cuando finalmente logras obtener lo que anhelabas, los nervios están agotados, el corazón maltrecho y hasta los huesos te duelen.

———•◄►•———

La gran necesidad del ser humano consiste en encontrar más tiempo para disfrutar de la naturaleza, simplificar su vida y sus necesidades imaginarias, satisfacer las verdaderas necesidades de la existencia, aprender a conocer mejor a los hijos y a los amigos y, sobre todo, conocerse *a sí mismo* y conocer al Dios que le creó.

La soledad es el precio de la grandeza...

Cuando hayas concluido tus deberes al final del día, quédate a solas y permanece en calma. Toma un buen libro y léelo con atención. Luego, medita prolongada y profundamente. Encontrarás mucha más paz y felicidad en esta meditación que en las desasosegadas actividades por las que tu mente se precipita descontroladamente en todas las direcciones. [...]

Si en la soledad de tu hogar cultivas el hábito de dedicar tiempo a la meditación, atraerás gran poder y paz, que permanecerán contigo no sólo mientras meditas sino también durante tus actividades. La soledad es el precio de la grandeza.

Busca lugares tranquilos donde puedas retirarte con regularidad, permanecer recogido y pensar sin obstáculos en Dios. Cuando estés

con otras personas, disfruta sinceramente de su
compañía, brindándoles tu amor y atención; sin
embargo, reserva también tiempo para estar a
solas con Dios.

———◆———

Todas las personas necesitan un refugio,
una dinamo de silencio donde se puedan reti-
rar con el propósito exclusivo de recargarse de
energía mediante el poder del Infinito.

El valor espiritual del sábado…

Llevar una existencia mecánica durante seis días completos, con sus noches, y dedicar sólo parte de un día (el domingo) al cultivo del propio ser interior no constituye un estilo de vida equilibrado. La semana debe distribuirse entre el trabajo, la diversión y el cultivo del espíritu: cinco días para trabajar remuneradamente, un día para el descanso y la diversión, y al menos un día para la introspección y la realización interior.

❖

«Recuerda el día del sábado para santificarlo». De los siete días de la semana, la mayoría de las personas no le dedican siquiera un día a Dios. Reservar un día para Él es de máximo interés para tu propio bienestar. El domingo es el día del sol, el luminoso día de la sabiduría; sin embargo, mucha gente jamás emplea ese

día para pensar en Dios, aun cuando en ello
yace la más elevada sabiduría. Si en ese día te
fuese posible simplemente permanecer a solas
y en silencio durante un cierto tiempo, disfrutando de la quietud, te sorprendería comprobar cuánto mejor te sentirías. Guarda el domingo de ese modo; esta práctica constituirá
un bálsamo para tus aflicciones de los seis días
precedentes. Todo el mundo necesita recluirse
un día a la semana en el hospital espiritual,
para curar sus heridas mentales. No observes
el domingo como un deber forzoso; disfruta de
él. Así se convertirá en un día de paz, gozo y
contentamiento, y esperarás con interés su
llegada.

———◆———

Te sorprendería comprobar los beneficios
físicos, mentales y espirituales que pueden de-
rivarse del recogimiento en Dios.

Los santos de la India aconsejan no sólo un día a la semana de retiro, sino que destacan la necesidad de recogerse a diario durante cuatro períodos determinados. Temprano por la mañana, antes de ver a nadie, permanece en calma, disfrutando de la paz. Al mediodía, antes de iniciar tu almuerzo, guarda silencio durante unos minutos, y al atardecer, antes de la cena, dispón de otro período de quietud. Por último, antes de acostarte, disfruta del silencio una vez más. Aquellos que se recogen fielmente y guardan silencio durante los cuatro períodos del día mencionados no pueden sino sentirse en armonía con Dios. Quienes se vean imposibilitados para realizar esta práctica cuatro veces al día deberían disponer de un período cada mañana y cada tarde para dedicarlo sólo al Señor. Si lo haces así, tu vida cambiará, serás más feliz.

Cuatro veces al día, siéntate en el silencio de la meditación y piensa, con todo el amor y anhelo de tu corazón: «Me entrego al Infinito en este momento. ¡Padre, revélate, revélate!». Esfuérzate por sentir la paz de su presencia; sumerge tu cuerpo y tu mente en esa paz y tu éxito en la vida aumentará. La persona de naturaleza serena no comete errores; allí donde miles de personas fracasan, ella triunfa. El hombre de éxito es aquel de carácter sosegado. Quienes no observan el domingo para sentir la paz divina manifiestan tendencia al mal humor; suelen convertirse en autómatas nerviosos, víctimas de sus excesos temperamentales. A través de los portales del silencio, en cambio, el sol bienhechor de la sabiduría y de la paz iluminará tu existencia.

La calma confiere armonía y buen juicio a todas las actividades...

La persona serena sintoniza totalmente sus sentidos con el medio ambiente que la rodea. La persona inquieta no se percata de nada y, en consecuencia, se halla en dificultades consigo misma y con los demás y lo malinterpreta todo. La persona serena, en virtud de su autodominio, está continuamente en paz con los demás y es siempre feliz. Jamás cambies el centro de tu concentración de la calma a la inquietud. Realiza siempre tus actividades con concentración.

El buen juicio es una expresión natural de la sabiduría, pero depende directamente de la armonía interior, es decir, del equilibrio mental. Cuando la mente carece de armonía, no tiene paz; y sin paz, carece tanto de juicio como de sabiduría. La vida está llena de tropiezos y reveses. En los momentos de prueba, que requieren tu juicio más lúcido, lograrás la victoria si preservas tu equilibrio mental. La armonía interior es tu mayor apoyo para sobrellevar el peso de la vida.

﹡

Muchas personas creen que sus acciones sólo pueden ser apresuradas o lentas; pero eso no es verdad. Si te mantienes en calma e intensamente concentrado, llevarás a cabo todos tus deberes con la rapidez apropiada. El arte de la verdadera acción consiste en ser capaz de actuar lenta o rápidamente, pero sin perder la paz interior. El método adecuado consiste en establecer una actitud controlada, en la que puedas desempeñar tus actividades con paz, sin perder tu equilibrio interior.

※

Una persona serena refleja tranquilidad en sus ojos, aguda inteligencia en su rostro y una adecuada receptividad mental; es una persona diligente y decidida en la acción, pero sus actos no están movidos por los impulsos y deseos que repentinamente puedan surgirle. La persona inquieta es semejante a un títere que baila al son de los deseos emocionales que surgen en respuesta a la tentación que le ofrecen otros individuos. Ya sea que trabajes lentamente o con rapidez, abriga la certeza de hacerlo siempre desde el centro de la serenidad.

※

Abre la puerta de tu calma y permite que los pasos del silencio se adentren suavemente en el templo de tus actividades. Realiza todas tus obligaciones con serenidad, saturado de paz.

De este modo, detrás de los latidos de tu corazón, sentirás el latir de la paz de Dios.

V

LA PAZ
EN LA VIDA COTIDIANA:
PRINCIPIOS
Y PRÁCTICAS ESENCIALES

$\mathcal{S}$i continuamente firmas cheques, sin reno-
var los depósitos de tu cuenta en el banco, tus
fondos se agotarán. Así sucede también con tu
vida. Si no haces con regularidad depósitos de
paz en la cuenta de tu existencia, se agotarán
tu fortaleza, tu calma y tu felicidad y, finalmente, caerás en una «quiebra» emocional,
mental, física y espiritual. Sin embargo, la comunión diaria con Dios mantendrá siempre
rebosante la cuenta bancaria de tus recursos
internos.

En ocasiones, toda persona ha experimentado —en mayor o menor grado— un estado de nerviosismo, sin saber por qué. […] La inquietud y la excitación emocional concentran demasiada energía en los nervios y, como consecuencia, éstos comienzan a desgastarse. Con el paso de los años, los efectos perniciosos de ese nerviosismo empiezan a manifestarse. Los nervios son muy resistentes —Dios los hizo así porque tienen que durar toda la vida—, pero es necesario brindarles los cuidados adecuados. Cuando cesas de sobrecargar tu sistema nervioso, tal como sucede cuando te encuentras en el sueño profundo o cuando experimentas el estado de calma de la meditación, el nerviosismo no puede importunarte en absoluto.

———◆———

El nerviosismo tiene remedio. Quien lo sufre debe estar dispuesto a analizar su situación

y a eliminar las emociones dañinas y los pensamientos negativos que poco a poco le están
destruyendo. El análisis objetivo que la persona haga de sus problemas y el mantener la
calma en todas las circunstancias de la vida
curarán los casos más persistentes de
nerviosismo.

——◆——

Examínate para saber si eres nervioso y
luego determina cuál es el motivo de tu
nerviosidad.

Las causas del estrés y del nerviosismo...

La alteración del equilibrio mental —que genera los desórdenes nerviosos— es provocada por estados continuos de excitación o por la estimulación excesiva de los sentidos. El entregarse a pensamientos constantes de temor, ira, melancolía, remordimiento, envidia, tristeza, odio, descontento o preocupación, así como la falta de las condiciones indispensables para llevar una vida normal y feliz —tales como la alimentación correcta, el ejercicio adecuado, el aire puro, el sol, un trabajo agradable y un propósito en la vida—, son todos causas de trastornos nerviosos.

Cualquier excitación violenta o persistente, ya sea mental, emocional o física, perturba y desequilibra intensamente el flujo de la energía vital en todo el mecanismo sensomotor y en las lámparas de los sentidos. Si conectamos una lámpara de 120 voltios con una corriente de

2.000 voltios, aquélla inmediatamente se quema. De manera análoga, el sistema nervioso no está hecho para soportar la fuerza destructiva de las emociones intensas o de persistentes pensamientos y sentimientos negativos.

Otra causa del nerviosismo, a pesar de que no lo adviertas, es el ruido de la radio o de la televisión que se prolonga durante horas. Todos los sonidos provocan una reacción de los nervios[1]. Un estudio llevado a cabo por el

[1] Muchos investigadores han descrito los efectos nocivos del ruido sobre la salud humana, entre ellos el Dr. Samuel Rosen, profesor de clínica otorrinolaringológica de la Universidad de Columbia, que escribió: «Se sabe que los ruidos fuertes provocan efectos que el sujeto receptor no puede controlar. Los vasos sanguíneos se contraen, la piel palidece, se tensan los músculos voluntarios e involuntarios, y sube repentinamente el nivel de adrenalina en la sangre, lo que incrementa la tensión neuromuscular, el nerviosismo, la irritabilidad y la ansiedad».

departamento de policía de Chicago demostró que si los seres humanos no se encontraran sujetos al bombardeo de sonidos de la vida moderna, que son particularmente intensos en las ciudades, podrían vivir varios años más. Aprende a disfrutar del silencio; no escuches la radio o la televisión durante horas interminables, ni tengas estos aparatos funcionando constantemente como sonido de fondo.

—————— ◆ ——————

Todos los tipos de carne de animales superiores, sobre todo de vaca y de cerdo, resultan dañinos para el sistema nervioso, pues provocan sobreexcitación y agresividad. Evita ingerir demasiados almidones, sobre todo los de aquellos alimentos elaborados con harina refinada. Incluye en tus comidas granos enteros, queso fresco y mucha fruta, así como jugos de frutas y vegetales frescos; todos estos alimentos

son muy importantes. Huelga decir que las bebidas alcohólicas y las drogas destruyen el sistema nervioso; mantente alejado de ellas.

Una bebida yóguica que es muy buena para
el sistema nervioso se prepara agregando azú-
car molido y jugo fresco de lima a un vaso de
agua. Debe mezclarse cuidadosamente y en las
proporciones adecuadas para que el sabor sea
dulce y ácido por igual. He recomendado a
muchas personas esta bebida, con excelentes
resultados.

——•——

Recuerda que la mejor medicina para el nerviosismo consiste en armonizar nuestra vida
con Dios.

Conoce las leyes divinas de la paz y la felicidad interiores...

La moralidad, a semejanza del camaleón, tiende a adoptar el color de la sociedad que la circunda; sin embargo, las leyes inescrutables de la Naturaleza, mediante las cuales Dios sostiene su creación, nunca pueden ser alteradas por las decisiones humanas.

———

La base de la felicidad reside en la moralidad y en llevar una vida en sintonía con Dios.

———

Quienes violan la ley divina lo pagan mediante la pérdida de su paz interior.

———

Se considera que las estrellas de cine y otros

artistas del espectáculo son la gente más admirada de Estados Unidos. Pero ¿por qué sus vidas personales son, con tanta frecuencia, un caos de infelicidad y múltiples divorcios? Muchos de ellos viven con la energía nerviosa demasiado enfocada en los sentidos. El exceso de comida, la promiscuidad sexual o la embriaguez producida por las bebidas alcohólicas y las drogas sólo generan una falsa felicidad.

———◆———

[Las leyes morales] armonizan el cuerpo y la mente con las leyes divinas de la naturaleza —es decir, de la creación— brindando bienestar interior y exterior, felicidad y fortaleza.

———◆———

He aquí la razón de que el éxito moral —ser libre de los dictados de los malos hábitos e impulsos— proporcione más felicidad que el éxito material. En el éxito moral existe una felicidad psicológica que ninguna enfermedad física puede arrebatarnos. […] Adopta los pensamientos y las acciones que conducen a la felicidad.

———⋆———

Aquellos que poseen contentamiento interior están viviendo correctamente. La felicidad proviene sólo de obrar en forma recta.

El nerviosismo es la enfermedad de la civilización...

El nerviosismo es la enfermedad de la civilización. Recuerdo una ocasión en la que subíamos en automóvil por la pendiente del Monte Pikes, en el estado de Colorado. Los demás autos nos pasaban a gran velocidad en esa cuesta escarpada y llena de curvas. Pensé que se apuraban para llegar a la cima de la montaña a tiempo para ver la salida del sol. Sin embargo, mi sorpresa fue mayúscula cuando, al llegar allí, comprobé que éramos los únicos que disfrutábamos al aire libre de aquella panorámica. Los demás se encontraban en el restaurante, bebiendo café y comiendo rosquillas. ¡Imagínatelo! Se dieron prisa para llegar a la cima y luego se apresuraron en bajar, movidos únicamente por la excitación de poder decir, al volver a sus hogares, que habían estado allí y que habían tomado café con rosquillas en el

Monte Pikes. Ésas son las consecuencias del nerviosismo.

Debemos tomarnos el tiempo necesario para disfrutar de las cosas —las bellezas de la creación de Dios, las muchas bendiciones de la vida—, pero hay que evitar la excitación indebida, la inquietud y los sobresaltos emocionales, que agotan el sistema nervioso.

Si pasas tu vida en un estado de excitación constante, jamás conocerás la verdadera felicidad. Vive con sencillez y tómate la vida con mayor tranquilidad. La felicidad reside en darte tiempo para pensar y practicar la introspección. Recógete en soledad, de vez en cuando, y permanece más tiempo en silencio.

Superar la preocupación...

Toda persona necesita soltar sus preocupaciones y sumergirse en el silencio absoluto cada mañana y cada noche. En esos momentos, trata de permanecer, durante un minuto por vez, sin pensar en tus problemas y concentrándote, en cambio, en la paz interior. Luego, trata de concentrarte durante varios minutos por vez en esta paz interior. A continuación, piensa en algún acontecimiento feliz, visualízalo y sumérgete en él; revive mentalmente esa experiencia agradable, una y otra vez, hasta que hayas desechado por completo tus preocupaciones.

<hr/>

Si pudiéramos comprender el efecto que nos producen los fardos mentales que a menudo nos imponemos, quizá quedaríamos sorprendidos por no haber sufrido un colapso hace mucho tiempo. Abrumando nuestras mentes con toda clase de preocupaciones y ansiedades, pronto nos vemos agobiados por el peso de ese lastre. Como resultado, el temor se hace sentir y perdemos la ecuanimidad y el equilibrio espiritual.

El problema es que, en lugar de vivir sólo en el presente, tratamos de vivir a la vez en el futuro y en el pasado. Estos fardos son demasiado pesados para que la mente pueda soportarlos; por eso debemos reducir la carga. El pasado se ha ido, ¿por qué continuar llevándolo en la mente? Dejemos que la mente se haga cargo de sus problemas de uno en uno.

Al igual que el cisne come únicamente el contenido sólido del líquido que recoge en su pico, nosotros debemos recordar sólo las lecciones que hayamos aprendido en el pasado y olvidar los detalles innecesarios. Esto aliviará en gran medida la mente y eliminará preocupaciones.

La preocupación puede compararse a un insecto que está libando dentro de una flor. Cuando los pétalos se cierran, tanto la flor como el insecto mueren. Las preocupaciones consumen toda nuestra vitalidad interna sin que lo sepamos. Cuando nos hacemos conscientes de lo que ocurre, el daño ya está hecho y puede que haya tenido efectos muy graves en el sistema nervioso.

❖

Cuando tenemos demasiadas cosas que hacer al mismo tiempo, nos desalentamos. En tales casos, en lugar de preocuparte por lo que hay que hacer, simplemente di: «Esta hora es mía. Haré todo cuanto esté a mi alcance y en la mejor forma posible». El reloj no puede avanzar veinticuatro horas en un minuto, y tú no puedes hacer en una hora lo que harías en veinticuatro. Vive a fondo cada momento presente, y el futuro se hará cargo de sí mismo. Disfruta plenamente de la maravilla y la belleza de cada instante. Cultiva la vivencia de la paz. Cuanto más lo hagas, más intensamente sentirás la presencia de ese poder en tu vida.

En lugar de perder el tiempo preocupándote, piensa positivamente en cómo puedes eliminar la causa de cada problema. Si deseas librarte de un problema, analiza con calma la dificultad, estableciendo, punto por punto, los pros y los contras del asunto; luego, define qué pasos podrían ser los mejores para lograr tu objetivo.

Olvida el pasado, porque ya está fuera de tu dominio. Olvida el futuro, porque se encuentra más allá de tu alcance. ¡Controla el presente!

¡Vive supremamente bien el ahora! Así limpiarás el oscuro pasado y obligarás al futuro a que sea brillante. Éste es el camino de los sabios.

Superar el miedo...

Destierra el miedo. ¿Qué hay que temer? Incluso un pequeño miedo, tal como la injustificada aprensión a la oscuridad o la preocupación por aquello que «podría» pasar, altera los nervios más de lo que puedas imaginar.

Nunca te sientas asustado ante nada. El temor es una forma de nerviosidad. Mientras que no estés muerto, significa que estás vivo; por lo tanto, ¿por qué habrías de sentir miedo? Y una vez que estés muerto, ya todo habrá terminado y no podrás recordar nada. Así pues, ¿para qué atormentarse?

El miedo proviene del corazón. Si alguna vez te agobia el temor a una enfermedad o a un accidente, inhala y exhala profunda, lenta y rítmicamente, varias veces, relajándote con cada exhalación. Esta práctica ayuda a normalizar la circulación. Si tu corazón está realmente tranquilo, no podrás sentir miedo alguno.

———

La comprensión de que la capacidad de pensar, hablar, sentir y actuar proviene de Dios, y de que Él está siempre con nosotros, inspirándonos y guiándonos, nos libera instantáneamente del nerviosismo. Al comprender esta verdad, surgen destellos de gozo divino; a veces, una profunda iluminación satura todo nuestro ser, desvaneciendo el concepto mismo de miedo. Cual un océano, el poder de Dios irrumpe, inundando el corazón con un torrente purificador, eliminando todas las obstrucciones de la duda engañosa, del nerviosismo y del miedo. Al contacto con la dulce serenidad del Espíritu, que se alcanza por medio de la meditación diaria, se supera el engaño de la materia, la conciencia de ser sólo un cuerpo mortal. Entonces, se comprende que el cuerpo es tan sólo una pequeña burbuja de energía en el divino mar cósmico.

Superar la ira mediante la paz interior...

El estar libre de ira constituye el medio más rápido para obtener la paz mental.

La ira se produce a causa de la obstrucción de nuestros deseos. [...] Quien no espera nada de los demás, sino que recurre a Dios para satisfacer todos sus anhelos, no puede sentir cólera hacia sus semejantes ni verse decepcionado por ellos. El sabio permanece satisfecho, pues está inmerso en el conocimiento de que el Señor gobierna el universo. [...] Él está libre de ira, animosidad y resentimiento.

***

La paz *(shanti)* es una cualidad divina. [...] Aquel que está unido a «la paz de Dios, que sobrepasa todo entendimiento»[2] se asemeja a una bella rosa, pues esparce a su alrededor la fragancia de la tranquilidad y la armonía.

[2] *Filipenses* 4:7.

⎯⎯◆⎯⎯

Afirma la paz y la serenidad divinas, y emite únicamente pensamientos de amor y buena voluntad si anhelas vivir en paz y armonía. Nunca te enfades, pues la ira envenena el cuerpo. Haz el intento de comprender a la gente que te contraría, y cuando alguien trate de provocar tu indignación, afirma mentalmente: «Estoy muy sereno y no deseo enfadarme. No quiero estar enfermo de ira».

⎯⎯◆⎯⎯

Cuando te enojes, no digas nada. Considera la ira como una enfermedad, al igual que si se tratase de un resfriado incipiente, y destrúyela con reconfortantes baños mentales consistentes en pensar en aquellas personas con las cuales jamás te enfadarías, sin importar como se comportaran. Si tu emoción es demasiado violenta, toma una ducha de agua fría, o coloca un trozo de hielo en el área del bulbo raquídeo, en las sienes —exactamente por encima de las orejas—, en la frente —especialmente en el entrecejo— y en la parte superior de la cabeza.

La cólera es un veneno para la paz y la calma. [...] Sé indiferente con quienes parecen deleitarse haciéndote enfadar. Cuando comiences a sentirte enojado, pon en funcionamiento la maquinaria de la serenidad para que manufacture los antídotos de paz, amor y perdón que disipan la ira. Piensa en el amor, y reflexiona en que así como tú no deseas que los demás se enfaden contigo, tampoco debes desear que otras personas padezcan las consecuencias de tu repugnante enfado. [...]

Desarrolla el raciocinio metafísico y destruye la cólera. Considera al individuo que provoca el enfado como un hijo de Dios; piensa en él como si fuera tu hermano pequeño de cinco años que tal vez te ha injuriado inadvertidamente. Tú no albergarías el deseo de herir en venganza a este hermano pequeño. Destruye mentalmente todo enojo diciendo: «No envenenaré mi paz con la ira; no perturbaré con la cólera mi habitual serenidad que tanto gozo me proporciona».

Debes recordar que si permaneces internamente calmado en toda circunstancia, puedes conquistar a cualquier persona o vencer cualquier obstáculo. La verdadera calma significa que Dios está contigo. Si te vuelves inquieto, irritarás a los demás y se enojarán contigo; entonces, te sentirás desdichado. […]

Si alguna persona trata de causarte problemas, afirma continuamente y con intensidad: «Soy paz, estoy en calma». Aférrate a esa paz, sin importar en qué medida puedan tratar de perturbarte otras personas. De ese modo, tus nervios permanecerán calmados.

Si alguien puede hacerte enojar, es que todavía no has logrado una calma perfecta; pero mantener la calma no quiere decir que debas permitir que los otros te traten como un felpudo. Algunas veces es necesario hacer entender a los demás que estás hablando o actuando en serio. Pero siempre has de recordar que eres un hijo de Dios y nunca debes enojarte. Cuanto más a menudo pierdas el control, más tiempo permanecerás en la engañosa conciencia mortal. Pero si permaneces interiormente calmado, demostrarás el equilibrio de un verdadero hijo de Dios.

Paz en el hogar...

A medida que vayas descubriendo el reservorio de paz que yace en tu alma, habrá cada vez menos controversias capaces de perturbar tu vida.

———◆———

Recuerda que la máxima prueba de tu aspiración espiritual consiste en ejercer el dominio de ti mismo dentro del entorno del hogar, especialmente si éste es inarmónico. Si tu paz interna es capaz de demostrar estabilidad y fortaleza en tu propio hogar, y logras vencer la actitud agresiva de quienes te rodean, por medio de constantes y hermosas expresiones de amor imperecedero, te convertirás entonces en un príncipe de la paz.

———◆———

Convierte tu hogar en un remanso de paz.

Si tu esposo o esposa se enoja y despierta tu ira, ve a dar un paseo y tranquilízate antes de responder. Si él o ella te habla rudamente, no repliques de la misma forma. Es mejor permanecer en silencio hasta que los ánimos se hayan calmado. […] Jamás permitas que nadie te arrebate la paz, y no usurpes la paz de los demás con una conducta verbal inadecuada. […]

Si tu esposa te chilla y tú le respondes a gritos, sufrirás el doble: una vez, por sus rudas palabras y, otra vez, por las tuyas. De ese modo, el principal perjudicado eres tú. Para cuando terminen con ese mutuo maltrato, sentirás que no queda nada de ti. Por este motivo hay tantos divorcios.

Francamente, las personas no deberían casarse hasta que hayan aprendido a tener cierto control sobre sus emociones. Las escuelas deberían educar a los jóvenes estudiantes en este arte, así como en la forma de desarrollar la calma y la concentración. El hogar norteamericano está destruyéndose porque no se enseñan estas cosas, ni en la familia ni en las escuelas. ¿Cómo pueden vivir juntas dos personas habituadas a comportarse de manera nerviosa y no llegar prácticamente a la destrucción mutua a causa de su nerviosismo? En el comienzo del matrimonio, los recién casados se dejan llevar por emociones tales como el entusiasmo y la pasión. Pero, después de un tiempo, cuando éstas inevitablemente comienzan a diluirse, empieza a aflorar la verdadera naturaleza de cada uno de los integrantes de la pareja, y las peleas y las desilusiones se apoderan del matrimonio.

El corazón requiere verdadero amor, amistad y, sobre todo, paz. Cuando las emociones destruyen la paz, se profana el templo del cuerpo. Un sistema nervioso saludable es lo que mantendrá en correcto funcionamiento tanto los órganos corporales como los sentimientos. Y para mantener saludable el sistema nervioso, es importante permanecer libre de emociones devastadoras tales como el miedo, la ira, la codicia y los celos.

Estos cáusticos parásitos mentales carcomen la propia fibra de quien los abriga: calcinan y destruyen la paz interior, que es nuestra más preciada riqueza.

No seas susceptible o hipersensible...

La sensibilidad exacerbada se manifiesta como una falta de control sobre el sistema nervioso. La idea de haber sido ofendido recorre la mente, y los nervios se rebelan ante esta situación. Al reaccionar, el enfado o los sentimientos heridos hacen que algunas personas ardan de cólera en su interior, sin mostrar exteriormente irritación alguna. Otras expresan sus emociones con una reacción obvia e instantánea en los músculos de los ojos y del rostro... con frecuencia, acompañada de una venenosa respuesta verbal. En cualquier caso, ser susceptible equivale a forjarse una vida desgraciada y a crear una vibración negativa que, además, afecta al entorno. Poder emitir siempre un aura de bondad y paz debe ser la intención que anime nuestra vida. Aun cuando exista una razón justificada para hallarse alterado debido al maltrato, quien se controla en tal situación es dueño de sí mismo.

—◆—

Nada se logra con obsesionarse silenciosamente por alguna posible ofensa. Es preferible ejercer el dominio propio y eliminar así la causa que produce tal sensibilidad desmesurada.

—◆—

Cuando algún suceso te perturbe, y con independencia de cómo justifiques tu infelicidad, has de saber que estás sucumbiendo a una sensibilidad indebida, y que no debes entregarte a ella. La susceptibilidad no es un hábito espiritual, es un hábito nervioso que destruye la paz, te arrebata el control sobre ti mismo y te roba la felicidad. Cuando un estado de ánimo de excesiva sensibilidad se filtre en tu corazón, su estática impedirá que oigas la divina canción de paz sanadora que suena en tu interior a través de la radio del alma. Cuando aparezca la susceptibilidad, trata de dominar inmediatamente esa emoción.

———•◦•———

Si adoptas la firme determinación de no perder jamás tu paz, y perseveras en este propósito, podrás alcanzar la santidad. Mantén una cámara secreta de silencio en tu interior, en donde no permitas la entrada de los estados de ánimo negativos, los problemas, los conflictos o las desarmonías. Desecha el odio, la venganza y los deseos. En esa cámara de paz, Dios te visitará.

———•◦•———

El rostro es como un reflector de tu ser interno; el corazón —la fuente de los sentimientos— es el origen de ese fulgor. Tu semblante debe traslucir un estado de ánimo inspirador. Tu faz debe ser una luz que los demás sigan,

un faro que guíe a las almas que han naufra-
gado, para que puedan encontrar el camino
hacia la seguridad en el puerto de la paz.

Afirmaciones:

Todos los días, repite esta afirmación: «No seré perezoso ni febrilmente activo. Ante cada desafío que la vida me presente, haré cuanto esté a mi alcance por superarlo, sin preocuparme por el futuro».

———✦———

Toma plena conciencia de que la infinita presencia del Padre Celestial mora siempre en tu interior. Dile a Dios: «En la vida y en la muerte, en la salud y en la enfermedad, no me preocuparé, ¡oh Señor!, porque soy tu hijo para siempre».

VI

LA PERSPECTIVA DE LA SABIDURÍA QUE CONDUCE A LA PAZ INTERIOR

La vida —su esencia y propósito— es un enigma: difícil, pero no insondable. Con nuestro pensamiento progresivo, diariamente resolvemos algunos de sus secretos. Las herramientas minuciosa y científicamente calculadas de esta época moderna son, en verdad, destacables. Los abundantes descubrimientos de la física nos brindan meritoriamente una visión más clara de las formas en que puede mejorarse la vida. Pero a pesar de todos nuestros dispositivos, estrategias e inventos, parece que aún somos juguetes en las manos del destino y tenemos un largo camino que recorrer antes de poder independizarnos del dominio de la naturaleza.

Sin duda alguna, permanecer constantemente a merced de la naturaleza no es libertad. Nuestras mentes entusiastas quedan bruscamente embargadas por una sensación de desamparo cuando somos víctimas de inundaciones, tornados o terremotos; o cuando, aparentemente sin motivo alguno, la enfermedad o los accidentes nos arrebatan a nuestros seres queridos. Entonces nos damos cuenta de que, en verdad, no hemos logrado mucho. Pese a todos los esfuerzos que realicemos por modelar la vida según nuestros designios, siempre habrá en este planeta ciertas condiciones —infinitas y guiadas por una Inteligencia desconocida, no sujetas a nuestra iniciativa— que permanecen fuera de nuestro control. A lo sumo, tan sólo podemos trabajar y efectuar algunas mejoras. Sembramos el trigo y elaboramos la harina, pero ¿quién creó la semilla original? Comemos el pan que amasamos con esa harina, pero ¿quién hizo posible que lo digiramos y asimilemos?

A pesar de todos los esfuerzos humanos, en cada compartimiento de la vida parece haber una inevitable dependencia con respecto a la Divinidad, sin la cual no podríamos subsistir. Incluso con todas nuestras certidumbres, aun así debemos soportar una existencia incierta, pues no sabemos cuándo nos va a fallar el corazón. De ahí la necesidad de poder confiar, sin temor alguno, en nuestro verdadero Ser inmortal y en la Suprema Deidad, a cuya imagen fue creado ese Ser: una fe que actúe sin egoísmo y que avance feliz, sin miedo ni limitaciones.

Practica una entrega absoluta y sin reservas a ese Poder Superior. No importa que hoy

adoptes la resolución de que eres libre e indó-
mito, y que mañana puedas contraer la gripe y
te encuentres miserablemente enfermo. ¡No
desfallezcas! Ordena a tu conciencia que per-
manezca firme en su fe. La enfermedad no
puede contaminar al Ser interior.

No te comportes como un ser mortal y apo-
cado. ¡Eres un hijo de Dios!

Estás hecho a su imagen. Ni las piedras, ni
los obuses, ni las ametralladoras, ni las bombas
atómicas pueden herirte o vulnerarte. Recuerda: el mejor refugio se halla en el silencio
de tu alma. Si logras descubrir ese silencio,
nada en el mundo será capaz de dañarte. […]
Podrás permanecer imperturbable aun en medio del estrépito de mundos en colisión.

———•———

Debes poner tu corazón en Dios. Cuanto más busques la paz en Él, tanto más consumirá esa paz todas tus preocupaciones y sufrimientos.

Contempla el espectáculo de la vida como un drama cósmico...

Los *rishis* de la antigua India, que profundizaron en la comprensión de la Causa Original de la Existencia, declaran [...] que este mundo es la *lila* de Dios, es decir, su divino juego. Parece que al Señor —como a un niño pequeño— le encanta jugar, y su *lila* consiste en la interminable variedad de la siempre cambiante creación. [...]

Dios creó este universo onírico para entretenerse y entretenernos. Sólo tengo una objeción que hacer con respecto a la *lila* de Dios: «Señor, ¿por qué permitiste que el sufrimiento fuera una parte de este juego?». El dolor es muy desagradable y torturante, y hace que la existencia ya no sea un entretenimiento sino una tragedia. En esa encrucijada es donde entra en juego la intercesión de los santos: ellos nos recuerdan que Dios es todopoderoso y que, si nos unimos a Él, nunca más resultaremos lastimados en esta sala de espectáculos del Señor. Somos nosotros quienes nos infligimos dolor cuando transgredimos las leyes divinas sobre las que Él sustenta todo el universo. Unirnos a Él es nuestra salvación. A menos que sintonicemos nuestra vida con Dios y comprendamos así que este mundo no es más que un entretenimiento cósmico, todavía habremos de sufrir. Parece que el sufrimiento es una disciplina necesaria para recordarnos que debemos buscar la unión con Dios. Desde esa unión, podemos disfrutar, al igual que Él, del entretenimiento de este fantástico drama.

<hr />

Has venido a la Tierra a entretener y a ser entretenido. Por eso la vida debería ser una combinación de meditación y actividad. Si pierdes tu equilibrio interior, ése es precisamente el momento en que te tornas vulnerable al sufrimiento terreno. […] Reaviva la fuerza innata de tu mente, afirmando: «No me importa qué experiencias se presenten en mi vida, pues no pueden afectarme: siempre soy feliz».

———

Mira la vida como si estuvieras viendo una película cinematográfica cósmica, y entonces ya no podrá ejercer sobre ti su engañosa magia. Permanece en la bienaventuranza de Dios. […] Él te ha creado a su propia imagen. Eso es lo que tú no comprendes, porque sólo admites que eres un ser humano y no ves que pensar así es un engaño.

———

La creación onírica de Dios no tiene por objeto asustarte sino instarte a que, finalmente, tomes plena conciencia de que carece de realidad. Entonces, ¿por qué asustarse por nada? Jesús dijo: «¿No está escrito en vuestra Ley: "Yo he dicho: dioses sois"?» (*San Juan* 10:34).

❈

Recuerda que eres inmortal y has sido dotado de gozo eterno. Jamás lo olvides mientras desempeñas tu papel en la mutable vida mortal. El mundo es solo un escenario en el cual actúas bajo la dirección del Divino Director de Escena. Representa bien tus papeles, ya sean trágicos o cómicos, recordando siempre que sólo la bienaventuranza eterna es tu verdadera naturaleza. El gozo del alma es lo único que jamás te abandonará, una vez que hayas trascendido todos los estados mentales inestables.

Vive con imperturbable ecuanimidad...

Los santos han descubierto que la felicidad reside en mantener constantemente un estado mental de paz imperturbable durante todas las experiencias asociadas a las dualidades terrenales. Una mente cambiante percibe una creación cambiante y se perturba fácilmente; sin embargo, el alma inmutable y la mente imperturbable contemplan, detrás de las máscaras del cambio, el Espíritu Eterno.

***

El criterio para medir la sabiduría del hombre es su ecuanimidad. Las piedrecillas que caen dentro del lago de la conciencia no deben crear conmoción en todo el lago.

La vida es un espectáculo; no la tomes demasiado en serio...

¿Por qué tomarse tan seriamente los detalles superficiales de la vida? Sea cual sea tu suerte terrenal, embriágate con la paz interior de la realización divina.

❖

Tanto si la persona se encuentra inquieta como calmada, la vida siempre seguirá su propio y extraño camino. La preocupación, el miedo y el desánimo sólo contribuyen a incrementar el peso de las cargas diarias; la alegría, el optimismo y la fuerza de voluntad aportan soluciones a los problemas. Por lo tanto, la mejor manera de vivir es tomarse la vida como un juego cósmico, con sus inevitables contrastes de derrotas y victorias. Disfruta de los desafíos del mismo modo que lo harías en el deporte, sin importar si en ese momento eres vencedor o vencido.

Otorga la mayor importancia al cultivo de tu relación con Dios y tu felicidad interior mediante el despertar espiritual que produce la práctica diaria de la meditación. Cuando experimentes la perfecta serenidad de la conciencia del alma, contemplarás a Dios jugando en toda la creación. Ya no verás el mundo como una pesadilla llena de problemas, sino como un entretenido espectáculo hecho para disfrutar. Sonreirás desde las profundidades de tu ser, con una sonrisa que nadie podrá destruir jamás.

Si conoces a Dios, puedes permanecer imperturbable aun en medio del estrépito de mundos en colisión...

Practica regularmente la meditación y la comunión con Dios, y saborearás el vino del gozo y del bienestar todo el tiempo, con independencia de cuáles sean tus circunstancias externas. Bebiendo el néctar de la paz interior de las angelicales manos de tu silenciosa realización, ahogarás las distracciones y las penas de la vida diaria.

❖

Dios está presente en el trono mismo de tu paz interior. Descubre su presencia allí primero y entonces podrás encontrarle en todo aquello que es bueno y valioso en la vida: en los verdaderos amigos, en la hermosura de la naturaleza, en los buenos libros, en los pensamientos elevados y en las aspiraciones nobles.

Al encontrar a Dios en tu interior, comprenderás que todo cuanto te aporta paz perdurable en la vida está revelándote la eterna presencia de Dios, tanto exteriormente como en tu interior. Cuando conozcas a Dios como la paz que mora en tu interior, le percibirás también como la paz que se halla en la armonía universal de todas las cosas externas.

RESEÑA DEL AUTOR

PARAMAHANSA YOGANANDA (1893-1952) es mundialmente reconocido como una de las personalidades espirituales más ilustres de nuestro tiempo. Nació en el norte de la India y en 1920 se radicó en Estados Unidos, donde enseñó, durante más de treinta años, la antigua ciencia de la meditación —originaria de su tierra natal— y divulgó el arte de vivir la vida espiritual en forma equilibrada. A través de la célebre historia de su vida, *Autobiografía de un yogui,* así como también por medio del resto de sus numerosos libros, él ha dado a conocer a millones de lectores la perenne sabiduría de Oriente. *Self-Realization Fellowship* —la sociedad internacional que Paramahansa Yogananda fundó en 1920 con el fin de diseminar sus enseñanzas en todo el mundo— continúa llevando a cabo su obra espiritual y humanitaria bajo la dirección de Sri Mrinalini Mata, una de sus más cercanas discípulas.

RECURSOS ADICIONALES RELACIONADOS CON LA CIENCIA DEL KRIYA YOGA QUE ENSEÑÓ PARAMAHANSA YOGANANDA

Self-Realization Fellowship se halla consagrada a ayudar desinteresadamente a los buscadores de la verdad en el mundo entero. Si desea información acerca de los ciclos de conferencias y clases que se imparten a lo largo del año, los oficios inspirativos y de meditación que se celebran en nuestros templos y centros alrededor del mundo, el calendario de retiros y otras actividades, le invitamos a visitar nuestro sitio web o ponerse en contacto con nuestra sede internacional:

www.yogananda-srf.org

Self-Realization Fellowship
3880 San Rafael Avenue
Los Angeles, CA 90065

(323) 225-2471

LAS LECCIONES
DE SELF-REALIZATION FELLOWSHIP

*Guía e instrucciones personales de Paramahansa Yogananda
sobre las técnicas yóguicas de meditación
y los principios de la vida espiritual*

Si se siente atraído hacia las verdades espirituales descritas en *La paz interior*, le invitamos a suscribirse a las *Lecciones de Self-Realization Fellowship*.

Paramahansa Yogananda creó esta serie de lecciones, aptas para su estudio en el hogar, con el fin de brindar a los buscadores sinceros la oportunidad de aprender y practicar las antiguas técnicas yóguicas de meditación presentadas en este libro —incluida la ciencia del *Kriya Yoga*—. Las *Lecciones* ofrecen también los prácticos consejos de Paramahansa Yogananda para lograr un equilibrado bienestar físico, mental y espiritual.

Las *Lecciones de Self-Realization Fellowship* están disponibles mediante una cuota simbólica (destinada a cubrir los gastos de impresión y de envío). A todos los estudiantes se les brinda, de forma gratuita, orientación personal sobre sus prácticas, por parte de monjes y monjas de *Self-Realization Fellowship*.

Para más información…

Hallará una explicación detallada acerca de las *Lecciones de Self-Realization Fellowship* en el folleto gratuito *Un mundo de posibilidades jamás soñadas*. Si desea recibir un ejemplar de dicho folleto y una solicitud de suscripción a las *Lecciones*, le sugerimos visitar nuestro sitio web o ponerse en contacto con nuestra sede internacional.

Publicada también por Self-Realization Fellowship…

AUTOBIOGRAFÍA DE UN YOGUI
Paramahansa Yogananda

Esta célebre autobiografía es, a un mismo tiempo, el fascinante relato de una vida extraordinaria y una mirada penetrante e inolvidable a los misterios finales de la existencia humana. Elogiada desde su primera edición como una obra cumbre de la literatura espiritual, *Autobiografía de un yogui* continúa siendo uno de los libros más difundidos y respetados que se hayan publicado jamás sobre la sabiduría de Oriente.

Con cautivadora sinceridad, elocuencia y buen humor, Paramahansa Yogananda narra la inspirativa historia de su vida: las experiencias de su extraordinaria infancia; los encuentros que mantuvo con numerosos santos y sabios durante la búsqueda que emprendió en su juventud, a través de toda la India, en pos de un maestro iluminado; los diez años de entrenamiento que recibió en la ermita de un venerado maestro de yoga, así como también los treinta años durante los que vivió y enseñó en Estados Unidos. Además, relata las ocasiones en que se reunió con Mahatma Gandhi, Rabindranath Tagore, Lutero Burbank, Teresa Neumann (la santa católica estigmatizada) y otras renombradas personalidades espirituales tanto de Oriente como de Occidente.

Incluye también el extenso material que él añadió después de que se publicase la primera edición en 1946, así como un capítulo final sobre los últimos años de su vida.

Considerada como una obra clásica de la literatura espiritual moderna, *Autobiografía de un yogui* ofrece una profunda introducción a la antigua ciencia del yoga. Traducida a más de veinte idiomas y empleada como libro de texto y de consulta en un gran número de universidades, esta obra constituye un *bestseller* permanente, que ha sido acogido con entusiasmo por millones de lectores en el mundo entero.

«Un relato excepcional». — THE NEW YORK TIMES

«Un estudio fascinante, expuesto con claridad».
— NEWSWEEK

«El lector de los tiempos actuales rara vez encontrará un libro tan hermoso, profundo y veraz como *Autobiografía de un yogui*. [...] Es una obra pletórica de conocimientos y rica en experiencias personales [...]. Uno de los capítulos más deslumbrantes del libro es el que trata de los misterios de la vida más allá de la muerte». — LA PAZ (BOLIVIA)

«Nunca antes se había escrito, ya sea en inglés u otra lengua europea, algo semejante a esta exposición del Yoga». — COLUMBIA UNIVERSITY PRESS

OTRAS OBRAS DE PARAMAHANSA YOGANANDA

*Estas publicaciones se pueden adquirir en diversas librerías
o solicitar directamente al editor
(www.yogananda-srf.org)*

El Yoga de Jesús

El Yoga del Bhagavad Guita

Charlas y ensayos:
Volumen I: La búsqueda eterna
Volumen II: El Amante Cósmico
Volumen III: El viaje a la iluminación

Afirmaciones científicas para la curación

Cómo conversar con Dios

Diario espiritual

Donde brilla la luz: *Sabiduría e inspiración
para afrontar los desafíos de la vida*

Dos ranas en apuros:
Un cuento sobre el valor y la esperanza

En el santuario del alma:
Cómo orar para obtener la respuesta divina

La ciencia de la religión

La ley del éxito

Máximas de Paramahansa Yogananda

Meditaciones metafísicas

Por qué Dios permite el mal y cómo superarlo

Susurros de la Eternidad

Vive sin miedo: *Despierta la fuerza interior de tu alma*

Triunfar en la vida

Tenemos a su disposición nuestro catálogo de libros y graba-ciones de audio y vídeo, que incluye grabaciones del archivo histórico de Paramahansa Yogananda. Solicite el catálogo al editor o en www.yogananda-srf.org

SELF-REALIZATION FELLOWSHIP
3880 San Rafael Avenue • Los Angeles, CA 90065-3219, EE.UU.
Tel.: (323) 225-2471 • Fax: (323) 225-5088
www.yogananda-srf.org